LE
PROCÈS ET LA MORT
DU
DUC D'ENGHIEN

PAR

M. LE DUC DE BROGLIE

DE L'ACADÉMIE FRANÇAISE

PARIS

LIBRAIRIE PLON

E. PLON, NOURRIT ET Cⁱᵉ, IMPRIMEURS-ÉDITEURS

RUE GARANCIÈRE, 10

—

1888

In 27
37531 bis

PARIS, TYPOGRAPHIE DE E. PLON, NOURRIT ET Cⁱᵉ

Rue Garancière, 8.

LE
PROCÈS ET L'EXÉCUTION

DU

DUC D'ENGHIEN

PAR

M. LE DUC DE BROGLIE

DE L'ACADÉMIE FRANÇAISE

PARIS

LIBRAIRIE PLON

E. PLON, NOURRIT ET Cie, IMPRIMEURS-ÉDITEURS

RUE GARANCIÈRE, 10

—

1888

LE

PROCÈS ET L'EXÉCUTION

DU

DUC D'ENGHIEN

Un volume entier sur le duc d'Enghien paraîtra peut-être une œuvre un peu trop considérable pour la nature du sujet, la mort de cette noble victime d'un odieux attentat ayant laissé à la postérité plus de souvenirs que sa courte existence. M. Welschinger a pourtant trouvé moyen d'enrichir cette étude biographique de tant de documents nouveaux et intéressants, qu'elle ne paraîtra pas trop longue à aucun lecteur [1]. Par un choix très bien fait de lettres de son jeune héros, puisées dans les Archives nationales, où elles

[1] *Le duc d'Enghien*, par M. WELSCHINGER. Paris, E. Plon, Nourrit et Cie.

étaient restées jusqu'ici ignorées, il a réussi à donner à la physionomie du dernier héritier du grand Condé un caractère original qui fait comprendre pour la première fois la perte que la France a faite par sa fin prématurée.

Ce qui ressort, en effet, de cette consciencieuse étude, c'est que jamais on ne fut plus Français par le tour d'esprit, le cœur et tous les instincts que ce malheureux prince, qui a à peine connu sa patrie, et qui a été amené, par la fatalité des circonstances, à porter les armes contre elle. Il avait dix-sept ans à peine en 1789, quand il dut suivre son aïeul, le prince de Condé, et son père, le duc de Bourbon, sur le chemin de l'émigration, et depuis lors il n'a repassé que deux fois la frontière, d'abord dans les rangs d'une armée envahissante, puis, quand des ravisseurs armés vinrent le chercher pour le conduire au supplice. Et cependant, il reste toujours, même quand il combat contre la France, un

de ses enfants qu'elle ne peut méconnaître,
car il ne cesse pas de l'aimer, de se montrer
digne d'elle et de garder tous les traits de
son caractère national. Son langage a la viva-
cité française, et sur le champ de bataille,
c'est l'héroïsme de nos anciens chevaliers.
Il parle comme à Paris, et se bat comme à
Marignan ou à Fontenoy. Aussi quelle dou-
leur il éprouve quand, après avoir vaine-
ment espéré qu'un grand parti allait se former autour du Roi pour le défendre, il lui
faut recourir au secours de l'étranger et,
suivant l'expression dont il se sert, se mettre
à sa merci! Ce qu'il rêve toujours, c'est un
soulèvement de la France elle-même contre
ce qu'il regarde comme ses usurpateurs et
ses tyrans, et c'est dans les rangs de ces
libérateurs espérés qu'il brûle de figurer.

Aussi quelle joie, quand les nouvelles de
l'insurrection de Vendée lui font croire que
son espoir est réalisé; et quel regret de ne
pouvoir tout de suite se mêler à ces royalistes

qui lui ressemblent! C'est même cette insurrection vendéenne qui donne lieu à l'un des
plus touchants épisodes de la correspon-
dance dont M. Welschinger nous a donné
le secret. Retenu de l'autre côté du Rhin,
dans le corps d'armée formé par le prince de
Condé et dont il commandait un détache-
ment, séparé d'ailleurs de la Vendée par une
distance qu'il n'aurait pu franchir, d'Enghien
ne pouvait songer à aller se placer à côté de
Lescure ou de la Rochejaquelein. Mais son
père, le duc de Bourbon, était resté en Angleterre auprès de Louis XVIII, avec le comte
d'Artois, et rien n'empêchait les princes
français de traverser la Manche et de venir
prendre terre sur cette côte où on combat-
tait et on mourait pour eux. Le jeune duc ne
veut pas douter qu'ils n'aient hâte de le faire,
il les voit déjà marchant sur Paris. « Quand
vous recevrez cette lettre, écrit-il à son père,
vous serez peut-être au milieu des graves et
respectables chouans, vous serez peut-être

en train de marcher sur Paris. Vous aurez
peut-être cent mille hommes sous vos ordres.
J'envie un peu votre sort, ou du moins le
sort de ceux à qui il est permis de le partager
avec vous... Adieu, cher papa, bon vent,
gloire et bonheur. » On sait comment finit
ce beau songe : l'entreprise fut tentée en
effet, le sang de la noblesse française coula
en pure perte, plus de mille gentilshommes
périrent, dans l'étroite vallée de Quiberon,
de la mort qui attendait d'Enghien lui-même.
Mais le comte d'Artois ne débarqua pas, et
quant au duc de Bourbon, il n'avait pas
même songé à s'embarquer.

Cette persistance de son père à rester à
Londres, où le retenaient les plaisirs d'une
vie dissipée, perce le cœur du jeune prince,
et le chagrin qu'il en éprouve se fait jour
dans ses lettres, quoique l'expression en soit
tempérée avec une grâce touchante par le
respect filial. Ce mélange de sentiments est
d'autant plus intéressant à démêler, que le

vieux prince de Condé, ne se sentant pas
retenu par le même scrupule, s'exprimait
sur le même sujet devant son petit-fils avec
une franchise soldatesque : « Votre père,
lui disait-il, fera ce qu'il jugera à propos...
Une pension honnête, une habitation où il y
ait jardin et chasse; l'Angleterre a ce qu'il
lui faut. Je ne doute pas que le gouvernement anglais ne lui conserve sa place de
bourgeois de Londres tant qu'il voudra. »
« O mon cher, écrit le duc d'Enghien à un
de ses amis, en lui rapportant ce propos,
que ces paroles m'ont paru sévères; qu'elles
m'ont fait de mal! Vous voyez, jusqu'à mon
grand-père qui désapprouve cette conduite,
et il n'ose le lui dire! »

Le moment vint pourtant où l'armée de
Condé ayant dû poser les armes et se dis-
perser, le duc d'Enghien lui-même dut se
résigner tristement au repos et chercher
une retraite pour y attendre des jours meilleurs. C'est en vue, et malheureusement

trop près de la France qu'il la choisit, tant
il lui coûtait de s'en éloigner. Une tendre
compagnie vint, on le sait, adoucir ces loisirs
qu'il supportait impatiemment. M. Welschinger nous fait part, à propos des relations déjà connues du duc d'Enghien avec la
princesse Charlotte de Rohan, de plus d'un
trait qui aurait été goûté et mis à profit dans
le temps où le genre des romans historiques
était à la mode. C'est tout un roman, en
effet, que cet amour combattu d'abord par
les préjugés et les vues ambitieuses du vieil
aïeul, devenu ensuite la consolation du proscrit et violemment brisé par une sanglante
catastrophe. Les lettres de la princesse,
écrites soit avant, soit après son veuvage,
sont pleines des sentiments les plus délicats
et les plus élevés. C'est pour parler comme
M. Welschinger que nous nous servons de
ce mot de veuvage; car il croit et pense
avoir démontré que cette union de deux
cœurs dignes l'un de l'autre avait été con-

sacrée secrètement par l'Église; il n'en donne pas tout à fait la preuve, mais c'est un acte de foi que nous aimons à faire avec lui.

Arrive enfin la dernière et lugubre scène : l'enlèvement, la captivité, le cachot, le jugement, ou du moins le simulacre qui en a tenu lieu, puis le supplice dans l'ombre de la nuit. Le récit de M. Welschinger est très animé : l'horreur de l'événement ne rendait d'ailleurs que trop facile à l'écrivain d'exciter l'émotion du lecteur. Ce sont de ces faits si poignants par eux-mêmes que, toutes les fois qu'on en relit les détails, on est presque aussi touché qu'à la première lecture et comme si on en ignorait le dénoûment. Mais il y a, sinon sur l'attentat lui-même, au moins au sujet de certains incidents qui l'ont précédé ou suivi, quelques problèmes historiques que M. Welschinger a dû se poser et dont il offre, après un examen consciencieux, la solution qu'il croit être la véritable.

Le premier, le plus important au point
de vue de l'étude de l'histoire générale
ou du moins du caractère de Napoléon,
c'est la question de savoir s'il est vrai
(comme le racontent les apologistes dévoués
du régime impérial) que le premier Consul
s'était désisté, à la dernière heure, de sa
funeste résolution. Est-il vrai qu'un contre-
ordre était déjà donné pour suspendre soit le
jugement, soit l'exécution du prince captif,
et n'ait pu arriver à temps par un concours
de fatalités? On sait quelle est, à ce sujet,
l'anecdote généralement racontée. Le duc
d'Enghien était arrêté sur la foi d'une
dénonciation qui fut reconnue fausse. On
avait cru saisir l'indice d'une conspiration
tramée entre lui et un général proscrit,
le fameux Dumouriez, venu tout exprès,
disait-on, à Ettenheim (la résidence du
prince) pour s'entendre avec lui. C'était une
erreur de nom. Le prétendu Dumouriez
dont la présence était signalée à Ettenheim

n'était qu'un gentilhomme émigré appelé
Thumery, et dont le nom prononcé à l'alle-
mande ressemblait à celui du vainqueur de
Valmy. Cette méprise, accréditée d'abord
par d'autres rapports de police qui n'avaient
pas beaucoup plus de valeur, fut reconnue
quand les papiers du duc, saisis en même
temps que sa personne, durent passer sous
les yeux du premier Consul. Bonaparte,
dit-on, résolut dès lors intérieurement de ne
pas donner de suite à la faute qu'on lui avait
fait commettre. La commission militaire,
convoquée à Vincennes, dut bien continuer
à procéder au jugement, mais c'était une
menace qui n'avait pour but, d'abord que
de bien montrer que le pouvoir consulaire
n'avait peur de personne et saurait atteindre
les coupables, même les plus haut placés,
puis de tirer de l'interrogatoire de l'accusé
quelques révélations sur les desseins et les
actes de ses camarades d'émigration. Dans
cette pensée, le premier Consul avait rédigé

lui-même une série de questions qui devaient
être posées au prince, en même temps qu'on
lui apporterait sa grâce. C'était le conseiller
d'État Réal qui avait la charge de s'acquitter
de cette double mission, et une lettre écrite
de la Malmaison lui fut adressée pour lui indi-
quer de quelle manière il avait à la remplir.
Par malheur, la lettre arriva trop tard. Réal,
accablé de fatigue ce jour-là, s'était couché
de bonne heure, et on n'osa pas le réveiller.
Quand il partit le lendemain matin pour
Vincennes, il n'était plus temps. En arri-
vant, il apprit que la sentence à peine rendue
avait été exécutée. Le sommeil de Réal,
trompant la *clémence d'Auguste,* est demeuré
à l'état de légende dans l'esprit de tous ceux
qui tiennent à garder leur admiration pour le
génie pure de toute connivence avec le crime.

M. Welschinger, par une discussion qui
ferait honneur à un juge d'instruction de
profession, en rapprochant les textes et en
confrontant les dates, a détruit cette fable,

dont il ne restera plus, après lui, aucun ves-
tige. Réal a été, dès le premier instant, in-
struit des desseins du premier Consul, et
n'avait plus rien à apprendre dans la journée
qui précéda leur exécution. Il n'est pas sûr
qu'il se soit rendu effectivement à Vincennes, et, s'il y est venu en effet, c'était pour
s'assurer que tout était consommé, non
pour apporter un contre-ordre. De toutes
les preuves (et elles sont nombreuses) que
M. Welschinger apporte à l'appui de sa démonstration, celle-ci surtout nous a paru
décisive et sans réplique. Pas un reproche
n'a été fait, dans le temps, à Réal sur sa
prétendue négligence, et sa faveur n'en a
souffert aucune diminution. Le premier Consul n'était pas un maître si commode à ser-
vir : il n'eût certainement pas pris en bonne
part une maladresse qui aurait eu pour conséquence de le rendre coupable, malgré lui,
d'un acte dont il avait senti le caractère
odieux.

Une autre question plus délicate, et que M. Welschinger n'a pas examinée avec moins de soin, mais sur laquelle nous ne pouvons admettre toutes ses conclusions, est celle qui se pose, quand il s'agit de déterminer quelle part de responsabilité incombe à chacun de ceux, ministres, généraux et juges, qui, pour leur malheur, ont eu à concourir à l'attentat du 21 mars. De qui, d'abord, partit la pensée première de l'acte lui-même? Prit-elle naissance dans l'esprit du premier Consul, ou lui fut-elle suggérée par quelqu'un de ses conseillers? Puis, jusqu'à quel point ceux qui s'y prêtèrent furent-ils mis dans la confidence complète en obéissant à leur maître? N'en est-il pas qui peuvent prétendre que, en ordonnant ou en opérant une arrestation (arbitraire sans doute, mais légitimée à leurs yeux par une grande utilité publique), ils pensaient que tout se bornerait pour le duc d'Enghien à une détention temporaire plus ou moins longue, mais qu'ils n'avaient nullement l'intention de se rendre complices d'un assassinat? On admet généralement que cette circonstance, véritablement atténuante, a été plaidée avec succès en faveur de Caulaincourt, qui fut chargé de la partie militaire de l'exécution : et, sur ce point déjà, M. Welschinger nous a paru un peu sévère.

Mais où il me semble avoir tout à fait passé la mesure de la vérité et de la justice, c'est dans le procès criminel qu'il intente à un personnage beaucoup plus considérable que Caulaincourt, — bien plus mêlé, à la vérité, aux secrets de la politique du premier Consul, — mais qui s'est toujours défendu avec autant de chaleur d'avoir, dans cette douloureuse circonstance, soit inspiré la pensée de son maître, soit même d'en avoir connu toute la portée : je veux parler du fameux Talleyrand, alors ministre des affaires étrangères.

Dans un chapitre spécial, qui a tout l'ap-

pareil d'un acte d'accusation, M. Welschinger ne se borne pas à établir (ce qu'il serait
en effet difficile de contester) que Talleyrand, en sa qualité de ministre chargé des
relations internationales, ne pouvait ignorer
la gravité d'un acte aussi contraire aux rè-
gles du droit des gens qu'une arrestation
faite en territoire neutre, et qu'il eut le tort
de s'y résigner trop facilement. Mais il veut
absolument que ce soit Talleyrand qui ait
conçu la première idée de cette opération
violente et qui l'ait mise en avant dans le
conseil dont il faisait partie. Il tient à ce
qu'il en demeure ainsi, devant la postérité,
l'instigateur et l'inspirateur. Ce n'est pas
tout : non seulement le dénoûment san-
glant de Vincennes n'échappait pas (suivant
M. Welschinger) aux prévisions de M. de
Talleyrand, quand il donnait ce funeste conseil, mais il allait volontiers au-devant et ne
fit pas difficulté de représenter au premier
Consul cette mesure impitoyable comme

un moyen aussi légitime qu'efficace de défendre sa sécurité personnelle. Ainsi, dans la pensée de Talleyrand, interprétée par M. Welschinger, ce n'était pas seulement de la liberté, c'était de la vie et du sang d'un prince de la maison de Bourbon que le nouveau régime avait besoin de faire le sacrifice pour être solidement affermi.

En laissant de côté, pour un moment, les preuves, ou plutôt l'unique preuve sur laquelle M. Welschinger appuie son imputation, l'invraisemblance en paraît, à première vue, évidente. Le meurtre juridique dont le duc d'Enghien fut victime a, dans son ensemble comme dans ses moindres détails, dans la résolution comme dans l'exécution, un caractère d'emportement et de précipitation qui contraste aussi bien avec les défauts qu'avec les qualités bien connus de Talleyrand. Tout y révèle l'entraînement d'un homme passionné, qui, se croyant menacé dans son existence comme dans l'accomplissement de ses grands desseins, croyant sentir le sol s'ébranler sous ses pas, frappe un peu au hasard un grand coup pour le raffermir. C'est avant tout un acte de colère. Or si Talleyrand a toujours réussi et si souvent brillé dans sa longue carrière, c'est surtout par le sang-froid. Le calme était sa qualité maîtresse. L'impassibilité de son visage était l'image de celle de son âme. On ne signalerait pas aisément dans sa vie une circonstance où il ait agi à la légère et sans réflexion. On a pu l'accuser de ne pas éprouver assez d'indignation contre le mal, jamais d'avoir obéi à un excès d'irritation. Avec un tempérament ainsi fait, on conçoit très bien qu'il ait obéi sans trop de résistance à un ordre impétueux. Mais déchaîner lui-même la violence, c'eût été par trop s'exposer à sortir de sa mesure habituelle.

De quoi il n'a jamais été accusé non plus, c'est de manquer de sens politique. Ce don de prévoir toutes les conséquences d'une

résolution, — l'impression qu'elle va causer
sur les gens à qui on a affaire, — les diffi-
cultés qui en peuvent naître, — c'est préci-
sément celui qui rendait les conseils de Talleyrand si précieux à tous les gouverne-
ments qu'il a servis. Or, si c'est réellement
lui qui a engagé Napoléon à mettre la main
sur le duc d'Enghien, jamais apprenti politique ne commit faute plus lourde ni dont
l'effet fâcheux fût lisible d'avance en plus
gros caractères. M. Welschinger nous dé-
peint lui-même le sentiment d'effroi et d'horreur dont la France et l'Europe furent sai-
sies à la nouvelle de cette cruauté inat-
tendue. La conscience publique recula un
instant épouvantée; on se crut reporté en
1793 et au lendemain du 21 janvier. Robes-
pierre reparaissait sous les traits de Bonaparte! Le gouvernement consulaire sembla
perdre en un jour tout ce qu'il avait gagné
en trois années. C'était aisé à prévoir. Le
mérite qui avait rallié autour de ce régime

réparateur les Français de toutes les classes
et de tous les partis, c'était d'avoir fermé
l'ère de terreur et de violence que la Révo-
lution avait ouverte. Une nouvelle effusion
de sang faisait reparaître le fantôme : l'iso-
lement se fit pour un instant autour des Tui-
leries et de la Malmaison. Sans doute l'impression ne fut pas durable. Le pouvoir de
Napoléon semblait encore trop nécessaire
au salut et à la grandeur de la France pour
que l'opinion publique lui tint longtemps ri-
gueur. Mais il n'en est pas moins vrai que le
char de l'Empire, lancé déjà à toute vitesse,
trouva subitement sur sa route un fossé san-
glant qu'il eut peine à franchir. « Voilà une
chose que je ne comprends pas, dit, d'après
M. Welschinger lui-même, un des complices
les plus complaisants du forfait : c'est un
crime qui ne sert à rien. » Je ne crois pas
qu'on puisse donner à aucun des actes que
l'histoire peut reprocher à Talleyrand le
nom terrible de crime. Mais un crime inu-

tile, c'est à coup sûr le dernier méfait dont
on ait droit de le soupçonner.

Sur quel fondement M. Welschinger
appuie-t-il donc une supposition si peu
croyable? Il ne produit en réalité qu'une
seule pièce, qui, à la vérité, serait d'une
autorité décisive, si l'authenticité en était cer-
taine. C'est une note rédigée par Talleyrand
lui-même, et remise au premier Consul le
7 mars, c'est-à-dire avant que l'ordre d'enlèvement fût parti de Paris. Dans cette note,
Talleyrand représente qu'un grand acte de
sévérité est nécessaire contre ceux qui
attentent à la sûreté d'une vie nécessaire
au salut de la France : il désigne expressé-
ment un prince de la maison de Bourbon au
nombre des conspirateurs, puis il conclut
que la justice doit frapper rigoureusement
et sans exception.

Je dirai de cette pièce justificative, que
M. Welschinger cite intégralement, ce que
je viens de dire de l'assertion même qu'elle

veut former, c'est qu'à première vue, et
avant tout examen, elle paraît invraisem-
blable. Rien n'y rappelle ni le tour d'esprit
ni le mode de penser et de parler de Talleyrand. Le ton en est rude, presque grossier,
très éloigné de cette modération de bonne
compagnie, dont le grand seigneur ne sut
jamais se départir, même quand il fut
devenu le ministre d'un pouvoir révolution-
naire. Puis l'argumentation principale qui y
est développée est véritablement dépourvue
de sens. Parmi les raisons que l'auteur de ce
rôle donne au premier Consul pour frapper
fort et sans hésiter sur la tête d'un Bourbon,
il insiste surtout sur la nécessité de rassurer,
par ce coup d'État, les hommes attachés au
nouveau régime et qui craignaient toujours
de voir paraître en Napoléon un second
Monk prêt à ramener avec la dynastie dé-
chue tous les abus du temps passé. Or, à ce
moment même, Napoléon allait donner à
ces ennemis jurés de toute restauration une

satisfaction bien plus complète que même le supplice du prince ne pouvait la leur fournir. Il allait prendre la couronne lui-même ! On ne pouvait mieux faire pour ne pas ressembler à Monk, et Talleyrand ne pouvait ignorer ce dessein déjà à moitié accompli. La seule chose qui pût encore empêcher le jeune vainqueur de monter le dernier degré qui lui restait à franchir pour s'asseoir sur le trône, c'était la répugnance qu'éprouvaient les autres familles royales d'Europe à reconnaître ce glorieux parvenu comme leur égal. En se couvrant du sang d'un des leurs, il ne leur rendait pas assurément la bienvenue plus facile.

On a pourtant, j'en conviens, l'original de cet étrange document, et l'écriture en est si semblable à celle de Talleyrand qu'on a pu longtemps s'y méprendre. Mais M. Welschinger a la bonne foi de nous avertir que, aux yeux de juges très compétents, cette ressemblance n'est qu'apparente ; c'est lui qui nous apprend que la note du 7 mars joue depuis longtemps, dans le procès intenté à la mémoire de Talleyrand, le même rôle que dans le procès de Marie Stuart les fameuses lettres de la *cassette* qui ont motivé la condamnation de la malheureuse reine, et dont presque personne, je crois, ne défend plus aujourd'hui l'authenticité.

Tout le monde sait, en effet, maintenant, que Talleyrand avait gardé dans son intimité, jusqu'à une époque avancée de sa vie, un secrétaire qui avait appris l'art dangereux de contrefaire son écriture, et qu'il eut ensuite l'imprudence de le renvoyer pour je ne sais quel méfait domestique. Cet employé disgracié se mit alors à l'œuvre pour tirer parti de son talent d'imitation et faire circuler dans la société de fausses minutes de nature à compromettre son ancien maître et à le brouiller avec ses meilleurs amis. Le piège dans lequel plusieurs tombèrent finit pourtant par être découvert. En comparant ces pièces fabriquées avec les correspondances mêmes dont elles étaient censées avoir préparé le texte, on n'eut pas de peine à y signaler de grossières interpolations dont le but malicieux n'était pas douteux, et, à partir de ce moment, aucun autographe de Talleyrand (ce fait est au su de tous les connaisseurs) ne doit être admis sans être soumis au préalable à une soigneuse vérification.

La note du 7 mai a été l'objet d'une enquête de ce genre faite par les soins de M. de Bacourt, l'exécuteur testamentaire de M. de Talleyrand, et je crois pouvoir dire que la fausseté en a été victorieusement démontrée. L'examen a eu lieu, en effet, à propos de l'ouvrage de M. d'Haussonville sur l'Église romaine et le premier Empire. Dans un fragment de ce livre, que la *Revue des Deux Mondes* avait inséré, M. d'Haussonville avait cru pouvoir faire usage de la pièce en question : les preuves qui lui furent apportées lui firent voir que sa bonne foi avait été surprise, et la pièce ne figure plus dans la publication plus complète du livre lui-même. Je dois ajouter que la démonstration parut convaincante non seulement à M. d'Haussonville, mais à des témoins plus autorisés encore, à des contemporains, d'anciens collègues de Talleyrand, dont l'opinion, sur le point débattu, n'avait pas toujours été aussi favorable. Je citerai entre autres le chancelier Pasquier, qui avait inséré la note dans ses Mémoires encore inédits et qui a dû, si je suis bien informé, l'en faire disparaître.

Résumons ce débat, dont le sujet, bien que restreint, n'est pas sans importance pour l'histoire. La note du 7 mars une fois écartée, s'il reste certain que M. de Talleyrand a consenti à l'arrestation du duc d'Enghien, il ne l'est nullement qu'il ait été l'inspirateur de cet acte illégal, et il l'est encore moins qu'il ait su que cette irrégularité (très blâ-

mable en elle-même) n'était que le prélimi-
naire d'un attentat plus odieux. Une fois ce
fait consommé, il a dû, comme ministre des
affaires étrangères, essayer de le justifier
devant l'Europe diplomatique, qui ne pouvait manquer de s'en émouvoir. Cette regret
table complaisance était la conséquence
nécessaire de sa fonction, dont il ne songea
pas et dont personne, il faut le dire, ne
lui demanda alors de se démettre. Mais
autre chose cependant est de commettre
un crime, autre chose de défendre un criminel, et jamais, dans la pire même des
causes, on n'a confondu l'avocat avec le
coupable.

Talleyrand a été entraîné, sans doute,
dans les vicissitudes de sa carrière, à plus
d'un acte qu'il serait difficile de défendre :
mais cette longue série d'événements divers
auxquels il s'est trouvé mêlé lui a permis de
rendre aussi, à plus d'une reprise, d'émi-
nents services à son pays. C'est un sou-

venir qui ne doit pas désarmer la sévérité de l'histoire, mais qui doit faire éviter
avec scrupule de charger injustement sa mémoire.

PARIS. — TYP. DE E. PLON, NOURRIT ET Cⁱᵉ, RUE GARANCIÈRE, 8.

www.ingramcontent.com/pod-product-compliance
Lightning Source LLC
LaVergne TN
LVHW010457060726
842527LV00005B/1823